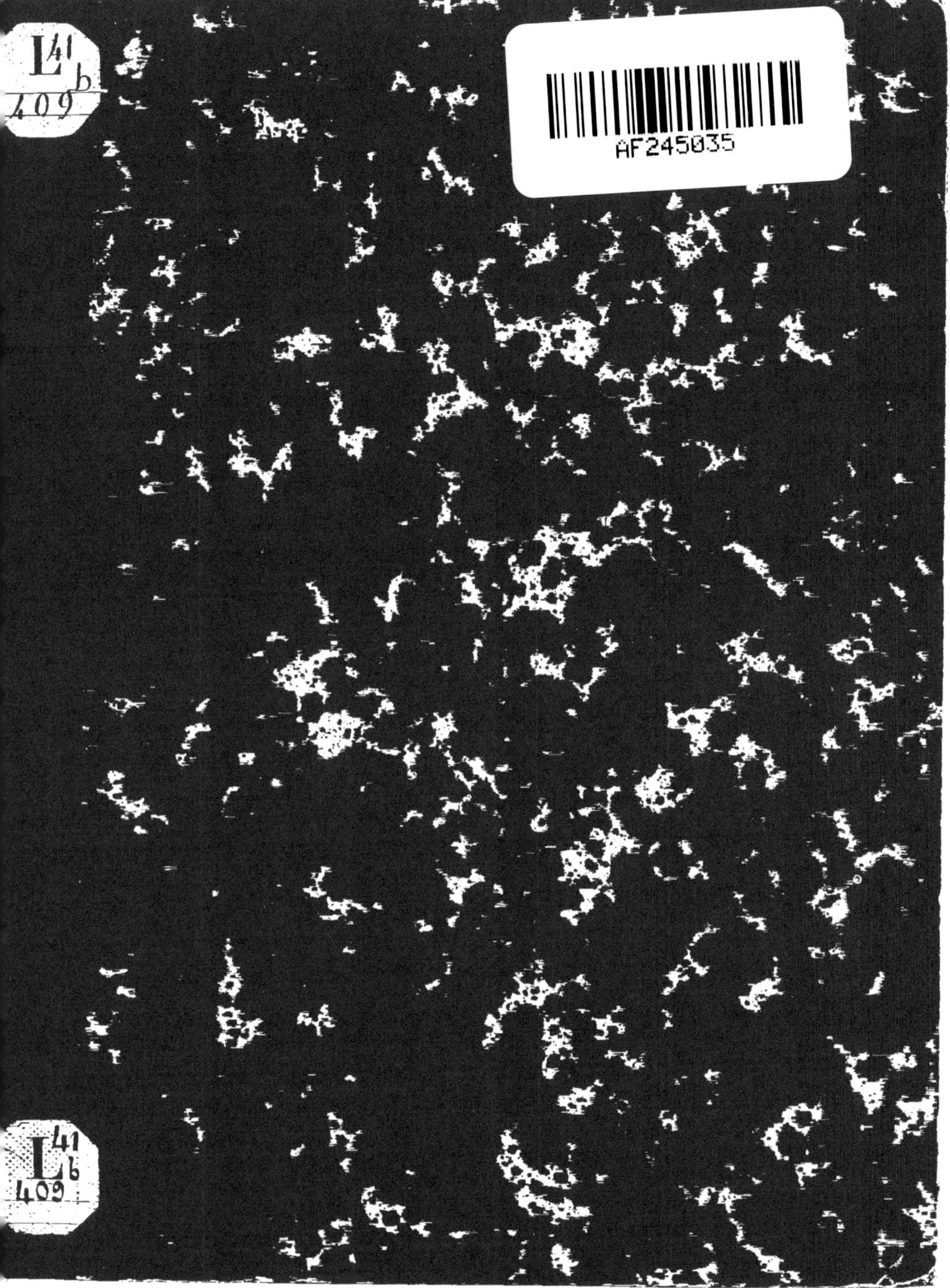

FAC SIMILE

DU

TESTAMENT DE LOUIS XVI,

Seule édition autorisée par S. Ex. le Ministre de la Police générale,
comme conforme à celle faite sur l'Original;

GRAVÉ PAR PIERRE PICQUET,

chargé par S. Ex. de la gravure des Exemplaires distribués au nom du Roi.

On y a joint le fac simile d'un fragment d'Écrit de Madame ELISABETH,

Et des Signatures

De la Reine MARIE-ANTOINETTE

et du jeune LOUIS XVII;

Accompagné d'une Notice historique, contenant des DÉTAILS TRÈS-INTÉRESSANS
et inconnus jusqu'à ce jour, sur le Testament du Roi LOUIS XVI, *et sur*
L'ORIGINE DU TESTAMENT DE LA REINE,

PAR L. E. AUDOT.

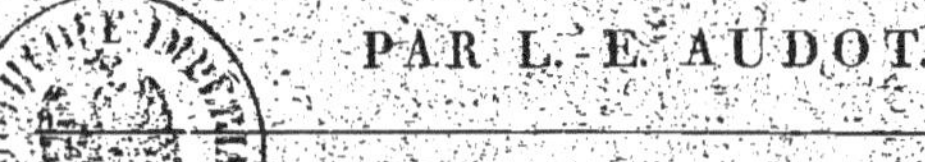

On vend aux adresses ci-dessous:

LE FAC SIMILE DU TESTAMENT DE LA REINE.

PARIS,

GUEFFIER jeune, Marché-Neuf, n.º 16, vis-à-vis le pont Saint-Michel.
AUDOT, Libraire, rue des Mathurins-Saint-Jacques, n.º 18.
PLANCHER, Libraire, rue Serpente, n.º 14.
Pierre PICQUET, Graveur d'écritures, rue des Fossés-Saint-Germain-les-Prés, n.º 18.

NOTICE HISTORIQUE

SUR

LE TESTAMENT DE LOUIS XVI,

NÉ LE 23 AOUT 1754, MORT LE 21 JANVIER 1793.

Depuis long-temps la Providence a permis que les dernières pensées du meilleur des Rois fussent offertes à son peuple. Depuis long-temps on a reconnu, empreintes dans le Testament de Louis XVI, cette grandeur d'âme, cette sagesse profonde, cette résignation inaltérable, cette bonté infinie que toutes les puissances du crime n'ont pu vaincre, que des juges cruels n'ont pu comprendre, mais qu'ils ont voulu punir. Depuis long-temps enfin les vrais Français conservent dans leur mémoire tous les traits tou-

1

chans de ce monument de vertu , devenu vénérable par l'amour de tout un peuple pour ses Souverains légitimes. Mais à présent ce n'est pas assez d'y voir à découvert l'âme d'un excellent prince, on veut encore connaître par quels traits sa main nous l'a peinte, et l'on est dans l'impatience de posséder l'original de ce précieux Testament, relique sacrée d'un Roi - martyr, présentée, sous les auspices de son frère, dans un *fac simile*, ou dans une imitation parfaite.

Mais par quels miracles est-il parvenu jusqu'à nous , quand l'impiété a détruit tant de choses bien moins dignes de sa colère? Comment les barbares qui arrachaient la vie à leur maître n'ont-ils pas fait disparaître aussi le pardon qu'il leur accordait? C'est ce que nous nous proposons de faire connaître ici en peu de mots.

Dans les jours qui précédèrent la fête de Noël , le projet était formé dans la convention de conduire le Roi aux Feuillans pour le juger sans désemparer , et cette résolution étant bien connue , il se décida à écrire ses dernières pensées. « Ce fut le jour de Noël, dit « Cléry, que Sa Majesté écrivit son testament ; il fut remis au conseil « du Temple : il était écrit entièrement de la main du Roi, avec « des ratures (1). » Mais le déplacement du Roi n'eut pas lieu, et il

---

(1) Quelques personnes pensent que S. M. l'Empereur de Russie possède un testament écrit de la main de Louis XVI : ce fait nous paraît douteux ; mais l'exemplaire qui existe aux archives , et dont nous esquissons l'histoire , est bien celui dont parle Cléry. Il porte bien la date du jour qu'il le lui a vu écrire , et on le reconnaîtrait aux ratures qui y existent , quand il ne serait pas paraphé par le conseil-général de la Commune.

Pour satisfaire les personnes qui ne pourraient pas lire sur le *fac simile* ce que couvre la grande rature de la troisième page, nous l'indiquons ici.

MOTS RATURÉS :

S'ils avaient le malheur de perdre   mère.

garda son testament, puisque, le 20 janvier, aussitôt qu'il se trouva seul avec M. Edgeworth de Firmont, le digne confesseur de son choix, il tira de sa poche ce même testament cacheté, dont il rompit le sceau, en lui disant : *Voici un écrit que je suis bien aise de vous communiquer.* « Tous ceux qui ont lu cette pièce intéres- « sante et si digne d'un Roi chrétien, ajoute M. de Firmont, juge- « ront aisément de l'impression profonde qu'elle dut faire sur moi. « Mais ce qui les étonnera sans doute, c'est que ce prince eut la « force de la lire lui-même, et de la lire jusqu'à deux fois. Sa « voix était ferme, et il ne paraissait d'altération sur son visage « que lorsqu'il rencontrait des noms qui lui étaient chers. Alors « toute sa tendresse se réveillait, il était obligé de s'arrêter un « moment, et ses larmes coulaient malgré lui; mais, lorsqu'il « n'était question que de lui-même et de ses malheurs, il n'en « paraissait pas plus ému que ne le sont communément les autres « hommes lorsqu'ils entendent le récit des maux d'autrui. »

Le 21 janvier, au moment de quitter le Temple pour la dernière fois, le Roi, s'adressant à ceux qui l'entouraient, leur dit : *Y a-t-il parmi vous quelque membre de la Commune? Je le charge d'y déposer cet écrit.* Sur leur réponse, il l'offrit d'abord à un muni- cipal, qui le refusa avec dureté, et ensuite à un autre, nommé Gobeau, en lui ajoutant, dit Cléry : « Remettez ce papier, je vous « prie, à la Reine. . . ., à ma femme : vous pourrez en prendre « lecture ; il y a des dispositions que je désire que la Commune « connaisse. »

Il paraît que ce testament fut remis assez promptement à la Commune, puisque l'on trouve, sur le registre de ses séances, qu'il fut annoncé le 21 janvier dès onze heures du matin. En effet, on lit dans le procès-verbal de la séance de ce jour : « A onze « heures du matin, un membre fait part qu'il arrive du Temple, et « que les membres de la commission l'ont chargé de prévenir le « conseil qu'ils avaient un paquet important à communiquer, et

« qu'ils invitaient à ne pas lever la séance avant qu'ils l'eussent
« envoyé. »

En conséquence de cet avis une décision est prise aussitôt, et
elle est consignée sur le registre en ces termes :

« Le conseil - général arrête qu'il sera envoyé à l'instant une
« ordonnance à la commission du Temple, pour la prier d'en-
« voyer au conseil la pièce qu'elle a fait annoncer. »

L'on peut voir par ce qui suit que le Testament fut envoyé aussitôt. C'est encore un relevé du registre pour la séance du 21.

« Le conseil-général entend lecture du Testament de Louis XVI.
« Il ordonne que le dépôt en sera fait entre les mains du secrétaire-
« greffier, qui sera tenu d'en faire passer l'original au conseil
« exécutif, et d'en consigner une copie collationnée au procès-
« verbal.

« La séance est levée à une heure et demie. »

Enfin voici l'extrait du procès-verbal de la séance du 22.

« Le secrétaire-greffier de la municipalité, en vertu d'un arrêté
« du conseil-général de la Commune, a adressé au conseil exécutif
« provisoire le Testament olographe du Roi. Le conseil exécutif
« a annoncé ce dépôt au président de la Convention. »

C'est probablement à la publicité que donna à cette pièce l'an-
nonce qui en fut faite au président de la Convention, que l'on en
dut la connaissance ; car autrement on ne pourrait expliquer comment elle fut insérée tout entière dans le *Moniteur* du 28 janvier,
sept jours après la mort du Roi. En effet, si l'on pense aux
sentimens exprimés dans ce Testament, et à l'effet qu'il dut

produire sur la partie saine de la nation , on devra s'étonner de l'imprudence des meneurs qui le publiaient ; mais si l'on se représente ces jours où l'on venait de commettre *le grand crime ,* on verra ces mêmes meneurs , épouvantés de leur propre forfait, se méfier les uns des autres , se préparer des embûches , et l'on concevra quel danger il y avait pour quelques - uns à cacher aux autres une pareille pièce. Ainsi elle ne fut donc publiée que parce qu'on craignait bien plus la trahison des complices que le blâme général. Mais , en la publiant, ces hommes pervers crurent devoir la faire accompagner d'un commentaire à leur manière , parce que , dans leur affreuse logique , ils voulaient y faire trouver la preuve que l'*ex - Roi de France était mort dans l'impénitence finale de la haine contre la liberté et l'égalité , etc.*

Quoi 'qu'il en soit, les registres publics ne présentent plus rien qui y soit relatif, jusqu'au 4 avril de la même année, et c'est au conseil exécutif que l'on trouve , sous cette date , l'arrêté suivant :

« Le conseil exécutif provisoire , considérant que ses archives « ne sont pas assez sûres pour conserver des pièces qui sont d'un « intérêt général pour la nation , a ordonné l'envoi du Testament « du Roi aux archives nationales. »

Enfin , la lettre d'envoi du conseil exécutif n'est datée que du 12 juin , et le récépissé délivré par l'archiviste est du 15 juin 1793. Ce n'est donc que depuis lors que l'original , écrit de la main du Roi , dont nous offrons le *fac simile ,* se trouve aux archives.

On verra , en lisant ce qui est relatif au Testament de la Reine , que S. M. Louis XVIII a ordonné qu'il en soit délivré un *fac simile* aux Membres des Chambres , et, dans sa bienveillance , il a voulu ajouter encore à cette faveur en faisant exécuter celui de son infortuné frère. C'est à cette tendre sollicitude de notre bon Roi pour tout ce qui peut faire le bonheur de ses sujets, que chacun de nous devra l'avantage de pouvoir transmettre à ses descendans une représentation fidèle de ces deux pièces originales.

NOTICE HISTORIQUE

SUR

LE TESTAMENT DE LA REINE

MARIE-ANTOINETTE D'AUTRICHE,

NÉE LE 2 NOVEMBRE 1755, MORTE LE 16 OCTOBRE 1793.

Nous avons expliqué, en parlant du Testament de Louis XVI, comment il avait été connu presqu'aussitôt la mort de ce prince. Ce qu'il convient de remarquer ici, c'est que toutes les circonstances qui le firent connaître, et qui obligèrent de le publier alors, trouvèrent leur source dans un reste de respect et de liberté que l'on n'avait pas osé refuser au chef de la nation en le faisant périr.

Il n'en est pas de même du Testament de la Reine. Tout-à-fait ignoré pendant bien des années, il n'a été connu, à son origine, que de quelques-uns des hommes qui osèrent soutenir la vue de cette auguste Princesse sur le banc des criminels. Mais si l'on ne craint pas de reporter ses regards sur ces temps d'horreur, on conviendra que, quoiqu'il n'ait pas été connu alors, on ne devrait rien en induire contre son authenticité, quand des noms hideux ne l'attesteraient pas (1). Neuf mois seulement s'étaient écoulés depuis la mort du Roi, lorsque la Reine l'écrivit ; mais déjà les temps étaient bien changés : on était bien plus avancé dans le chemin de la barbarie ; on avait bien plus d'expérience dans le crime : les divinités de 93 avaient tout-à-fait établi leur puissance. Aussi, par respect pour *l'égalité*, le plus vil des hommes pouvait impunément faire souffrir à la Souveraine de la nation les traitemens les plus affreux, l'accabler d'injures grossières et d'insultes ignobles, afin de l'abaisser jusqu'à lui. Par hommage à la *liberté*, on pouvait la retenir dans une étroite prison, sans vêtemens, presque sans alimens, entourée incessamment de soldats, dont on punissait les égards, ou dont on récompensait la brutalité. C'est au milieu de cet état de choses que la Reine de France subit ce qu'on était convenu alors d'appeler un jugement. Quelques jours suffirent pour le terminer, parce que le résultat en était préparé d'avance ; mais ce qui est le comble de la scélératesse, c'est que, pendant le peu de temps qu'il dura, on la privait d'alimens, afin que sa faiblesse fût prise par le peuple pour du découragement et de la lâcheté. On

---

(1) Les signatures des membres du tribunal révolutionnaire se trouvent à la fin de l'original. L'horreur qu'elles inspirent aurait diminué, s'il avait été possible, notre vénération pour la Lettre de l'infortunée Marie-Antoinette : c'est pourquoi l'on n'a pas dû les laisser figurer sur le *fac simile* ; mais nous pensons que, placées ici en regard de cette note, elles pourront satisfaire la curiosité des lecteurs, tout en prouvant l'authenticité de la pièce dont nous traçons l'histoire.

lui refusait toute espèce de nourriture depuis neuf heures du matin jusque fort avant dans la nuit que se terminaient les séances. Le croirait-on? sa grande âme n'a pu être accablée de tant de maux; elle conserva tout le calme de l'innocence, toute la dignité du vrai courage. Ses réponses furent toujours précises; sa présence d'esprit déconcertait ses juges; mais jamais ses ennemis n'y trouvèrent que de l'indulgence, et pas un de ses serviteurs fidèles n'en fut compromis. C'est dans la nuit qui suivit le 15 octobre que le jugement se termina. Un jury, composé à l'unisson des juges, donna à l'unanimité des conclusions qui entraînaient la peine de mort; et (dit M. Montjoye) « l'infortunée Marie-Antoinette, en entendant « cet arrêt que des hommes injustes et féroces prononçaient contre « elle, ne donna aucun signe d'effroi. Il ne parut sur son visage « aucune marque d'émotion : elle était calme, et on lisait dans « ses yeux qu'elle pardonnait encore à ses lâches et impitoyables « persécuteurs ce dernier outrage. »

Il était plus de quatre heures du matin, et la Reine était accablée de fatigue et de froid lorsqu'elle rentra dans sa prison pour la dernière fois. C'est alors qu'elle écrivit cette lettre que nous avons le bonheur de posséder.

Mais c'est ici qu'il se présente pour nous plusieurs difficultés. Comment s'est-elle procuré de quoi écrire? En quel temps écrivit-elle, puisque, suivant M. Montjoye, elle s'endormit en rentrant du tribunal, et ne fut réveillée qu'à six heures par le prêtre Girard? Nous avons cherché à nous procurer des renseignemens sur ces deux points, et nous croyons en avoir trouvé qui ne laissent rien à désirer. L'on va voir que si M. Montjoye avait été aussi scrupuleux que nous dans ses recherches, il aurait évité de faire l'erreur grave qui nous a le plus embarrassés.

Le concierge Richard avait été renvoyé de la conciergerie, victime de son dévouement pour la Reine. Il fut remplacé par un nommé Bault, qui conserva tous les égards que l'on pouvait hazarder dans cette circonstance, mais qui ne pouvait approcher sa prisonnière, qu'accompagné de deux gendarmes; il était la seule personne de la conciergerie qui l'approchât. Or, le 16 octobre, aussitôt que la Reine fut rentrée du tribunal, et il était quatre heures et démie du matin, elle demanda Bault, afin d'obtenir ce qui lui était nécessaire pour écrire. Il lui apporta bientôt ce qu'elle désirait, et il la laissa seule.

Voilà donc la Reine de France occupée à écrire à madame Elisabeth une lettre que celle-ci ne devait point connaître. La voilà donc seule avec Dieu, se reposant en quelque sorte des fatigues du malheur, parce qu'elle voyait un terme à ses infortunes. La voilà libre enfin; elle ne craint plus ses bourreaux, elle laisse parler son cœur, et nous allons connaître toutes ses pensées à sa dernière heure.

Aussitôt que la Reine eut fini d'écrire, Bault fut rappelé. Elle le chargea d'une lettre...... Mais il n'avait pu rentrer sans les deux gendarmes, et il fallut remettre au comité révolutionnaire ce qu'une main bien chère devait conserver. *Hélas !* dit Bault à son épouse (1) en rentrant chez lui, *ta pauvre Reine a écrit, elle m'a donné sa lettre, mais je n'ai pu la remettre à son adresse ; il a fallu la porter à Fouquier.* Voilà des faits peu connus, mais dont nous sommes certains et qui prouvent jusqu'à l'évidence l'authenticité du Testament de la Reine. Comment en effet ne pas reconnaître ce Testament dans la lettre remise à Bault et portée à Fouquier? Voyons ce qu'elle devint ensuite.

---

(1) La veuve Bault, qui nous a fourni tous ces détails, ne pouvait approcher de la Reine ; mais Bault, connaissant toute sa vénération pour cette princesse infortunée, ne lui en parlait jamais en particulier qu'en la désignant par ces mots : *Ta pauvre Reine !*

On pense bien que les membres du tribunal révolutionnaire n'étaient pas des personnages assez élevés pour qu'il leur fut permis de garder une pièce de cette importance. Aussi ne firent-ils que la signer, et elle fut remise à Robespierre, parce qu'il était le digne souverain d'alors. Mais il ne garda pas long-temps ce trésor de douleur : neuf mois après la mort de la Reine, son tour vint d'expier ses forfaits, et c'est en cherchant dans les papiers du dictateur pour y trouver des preuves de ses prétentions à la puissance souveraine, que les vainqueurs du 9 thermidor firent trouver le Testament de cette princesse. Le constitutionnel Courtois fut chargé de la recherche et par une infidélité digne de ces temps et de ces hommes, et dont nous profitons aujourd'hui, il cru devoir se l'approprier. Il le garda avec tout le soin qu'il méritait, et peut-être avec tout l'intérêt du repentir, pendant près de vingt-deux ans (1).

Enfin il était réservé à la loi du 12 janvier 1816, en assurant notre repos pour l'avenir, de nous procurer aussi l'avantage de

---

(1) Depuis que ce passage est écrit, il a paru, sur l'objet qui nous occupe, un *récit fidèle et complet*, qui, s'il remplissait son titre, devrait détailler ce que nous ne faisons qu'indiquer ici. Nous avons dû nous étonner de ne trouver, à la place des faits positifs que nous rapportons, que des hypothèses sur une prétendue violence qui a empêché la Reine de signer son testament.

Nous aurions pu donner des détails sur un billet adressé à Madame Royale par Marie-Antoinette, sur un gant du Dauphin et sur une boucle de cheveux de la Reine, tous objets trouvés chez Courtois avec le testament. Nous aurions pu aussi indiquer comment le même Courtois offrait, par une lettre adressée à un conseiller-d'état, et dont beaucoup de députés ont eu connaissance, de mettre ces précieux gages aux pieds du Roi, en s'excusant très-maladroitement de ne l'avoir pas fait plus tôt ; lettre et offre qui n'ont point eu d'effet, puisque, dans le même moment, tout était déjà saisi et mis au pouvoir de Sa Majesté, grâces aux soins et à l'extrême vigilance de M. le comte de Caze, ministre de la police générale, qui a su, pour ainsi dire, deviner un dépôt si intéressant.

Mais nous n'avons voulu faire qu'une notice *fidèle*, et non un *récit complet*.

posséder une lettre précieuse, dernière œuvre d'une grande Reine, et qui atteste autant sa candeur et son innocence que son amour pour les Français, et sa tendresse pour sa famille.

Le 22 février, on s'occupait à la chambre des députés de la loi sur les élections. MM. les Ministres des affaires étrangères et de la police générale avaient été introduits pendant que M. Serres était à la tribune ; après le discours de ce membre, M. le Ministre de la police générale demande à être entendu ; il monte à la tribune, et du ton qui annonçait l'émotion profonde qu'il allait communiquer, d'une voix sensiblement altérée, il s'est exprimé à-peu-près en ces termes :

« Messieurs, le Roi nous a chargés de vous faire une communi-
« cation qui doit toucher vivement vos cœurs . . . . . » Un profond silence s'établit : la chambre semble pressentir l'objet de la communication : un sentiment d'émotion est empreint sur toutes les physionomies . . . . . « La mort du juste n'est jamais perdue pour
« la postérité : elle donne toujours de graves et salutaires leçons ;
« la Providence avait permis qu'il restât une trace écrite des der-
« nières pensées, des derniers vœux que formait un monarque dont
« le nom est à jamais consacré dans le souvenir des hommes ; elle
« avait permis qu'il existât un Testament de Louis XVI.

« Mais cette consolation ne nous avait point été accordée pour
« la Reine. Parmi les touchans souvenirs que laissait la plus auguste
« et la plus infortunée des mères, des épouses et des reines, la fille
« de Marie Thérèse, cette princesse digne du fils de Saint Louis,
« digne de partager sa couronne, et son martyre, Dieu seul avait
« entendu la voix de la Reine mourante : son auguste fille n'avait
« pas recueilli l'expression de ses derniers vœux. Vingt-trois ans se
« sont écoulés depuis que cet écrit a été tracé à l'heure dernière
« de la plus aimée, comme de la plus malheureuse des souveraines.
« Enfin la Providence a permis qu'il pût être présenté à l'auguste
« fille de nos Rois, et porter quelqu'adoucissement à ses douleurs,

« alors même qu'il les renouvelle. Cette lettre est reconnaissable
« par l'empreinte de l'écriture de la Reine, dont les caractères ne
« sont nulle part tracés d'une main plus ferme et plus sûre, comme
« pour montrer le calme de son âme en cet affreux moment. Elle
« n'est pas signée ; mais l'authenticité en est garantie par un témoi-
« gnage qui inspire l'horreur...... Le Testament de la victime
« est signé par ses bourreaux. »

« Ce Testament respire la tendresse d'une mère, d'une sœur et d'une
« amie, la dignité d'une reine, la fermeté d'un sage : il est digne
« d'être entendu à côté de ce testament auguste et saint qui mérita
« d'être lu dans la chaire de vérité, après la parole de Dieu. »

M. le comte de Caze donne ici lecture de la lettre de la Reine de
France, Marie-Antoinette, à sa sœur madame Elisabeth.

Après cette lecture, le Ministre est long-temps sans pouvoir pour-
suivre ; l'émotion de l'assemblée et la sienne ne le lui permettent
pas ; des pleurs sont dans tous les yeux : ce n'est qu'après un long
silence que le Ministre peut reprendre la parole.

« Messieurs, dit M. le comte de Caze, le Roi, en nous chargeant
« de cette auguste communication, a bien voulu nous autoriser à
« vous dire, qu'en faisant tomber son choix sur nous, c'était autant
« le député que le ministre qu'il avait voulu honorer. S. M. a désiré
« aussi que vous vissiez dans cette communication une preuve du
« besoin qu'elle éprouve de confondre tous ses sentimens dans ceux
« de son peuple, et de vous faire partager les consolations qu'elle
« reçoit comme elle partage nos espérances et nos maux.

« Je dépose sur le bureau une copie certifiée du testament de la
« Reine Marie-Antoinette : S. M. m'a chargé de vous annoncer
« qu'elle avait ordonné qu'il en fût fait un *fac simile* dont une expé-
« dition sera délivrée à chacun des membres de la chambre. »

A ces mots l'assemblée entière se lève aux cris de *Vive le Roi !*

M. Lainé. « Messieurs, qu'elle touchante diversion fait à nos dis-
« cussions politiques, la communication qui vient de faire tressaillir
« vos cœurs, et que nous avons bien raison de vouloir mettre un
« frein à ces passions qui renversent les Etats, et ont fait tomber
« sur la France les calamités dont la lecture de cette royale lettre
« rappelle le souvenir ! Une trop vive émotion ne me permet pas
« de donner cours à cette idée. Cependant l'expression des derniers
« sentimens de notre Reine nous élève à des pensées plus hautes en-
« core que la politique ; elle élève nos âmes vers la religion, et nous
« rappelle que la religion seule pourrait être le plus puissant moyen
« de gouvernement. Quelle sécurité pour les peuples quand elle
« remplit le cœur des Rois ! Quelle paix, quel bonheur pour les
« souverains, si elle pénètre dans l'âme du peuple comme dans les
« âmes royales ! Mais je m'aperçois que j'anticipe sur l'expression
« de vos sentimens : il faut être moins ému et avoir plus de temps
« pour les exprimer dignement. Je propose, messieurs, qu'il soit
« fait une humble adresse au Roi, laquelle, s'il le permet, lui sera
« portée par une députation de 25 membres. Si l'élan de vos cœurs
« avait besoin d'un exemple, je vous dirais, et je viens d'en être
« instruit, que la chambre des pairs a voté une adresse au Roi qui
« doit lui être présentée par une grande députation. »

Un cri général s'élève : aux voix ! aux voix !... Bientôt l'assemblée entière est debout.

La proposition de M. Lainé est accueillie par un suffrage unanime
et aux cris de *Vive le Roi!*

La députation choisie a été présentée le soir même au Roi, et
M. Lainé portant la parole, a dit :

« Sire, après la profonde douleur que nous a causée la commu-
« nication que V. M. a daigné faire à la chambre, notre première
« pensée est d'admirer la Providence qui a permis au temps de
« nous révéler les derniers sentimens de notre princesse. Pourquoi
« faut-il que la tombe seule soit inexorable et retienne à jamais

(15)

« l'auguste victime que nous pleurons ! Mais elle n'est pas pour nous
« morte toute entière. Son âme religieuse et royale s'est répandue
« dans cette lettre qui semble ajouter quelque chose au testament
« qui vous a légué des vertus plus qu'héroïques, parce qu'elles sont
« chrétiennes.

« Nous vous remercions, Sire, du don que votre bonté a fait à
« chacun de nous, de la lettre dont l'art reproduit les traits origi-
« naux, mais où notre âme découvre bien mieux l'image du cœur
« de Marie - Antoinette, reine de France et de Navarre ; nous la
« transmettrons cette lettre en héritage à nos enfans ; elle leur ap-
« prendra qu'il est des vertus supérieures aux égaremens des siè-
« cles, et que la religion, qui inspire ces vertus, est, dans le cœur
« des Rois, le gage le plus sûr du bonheur du peuple. »

Le Roi a répondu : « Je suis sensible aux sentimens que m'ex-
« prime la chambre des députés à l'occasion de la communication
« que je lui ai faite. Aucun événement ne m'a plus profondément
« touché que cette découverte. J'en rends graces à la Providence
« qui a voulu révéler les vertus de celle dont je fus le sujet, le frère
« et j'ose dire l'ami. Je suis sûr que chacun de vous conservera
« avec soin le présent que je lui fais, et le transmettra à nos neveux,
« et comme nous, ils rendront justice à celle à qui elle fut si peu
« rendue de son vivant. » En prononçant ces derniers mots, la voix
de Sa Majesté était sensiblement altérée.

La commission a demandé à S. M., par l'organe de son prési-
dent, la permission, conformément aux lois, de se présenter chez
Madame. Cette princesse l'a admise, quoiqu'il fût déjà fort tard.
M. Lainé a dit :

« Madame,

« Le Roi vient de nous permettre d'exprimer à votre altesse royale
« les sentimens qu'a fait naître la lettre de votre auguste mère. Ces
« nobles caractères ont réveillé en nous la vive douleur que le temps

« a fait taire sans l'affaiblir. Mais cette douleur se tempère à la vue
« de votre altesse royale ; nous nous disons que Marie-Antoinette
« revit en Marie-Thérèse ; ce sont les mêmes vertus, c'est le même
« courage, et en voyant briller en vous, Madame, les sentimens
« religieux de deux princesses, les cœurs apaisés se rouvrent à
« l'espérance et aux consolations. »

Madame a répondu :

« Je suis vivement touchée de votre démarche. Les souvenirs que
« me rappelle la lettre miraculeusement conservée et écrite par
« une main si chère, me causent une émotion trop grande pour
« répondre comme je le voudrais à votre empressement. »

Tels sont les renseignemens que nous avons pu rassembler à la
hâte sur l'histoire des deux pièces précieuses dont nous offrons une
imitation au public. Le temps en fera peut-être découvrir quelques
autres, mais il faut nous contenter de ceux-ci pour le présent :
nous sommes si près des événemens, qu'il serait peut être trop ré-
voltant de tout savoir ! Bénissons plutôt mille fois la Providence qui
nous a conservé ces leçons de toutes les vertus écrites sur les autels
du crime, et sous les yeux mêmes des méchans. Relisons sans cesse
ces Testamens précieux, si dignes de toute notre vénération, et
nous y puiserons chaque jour plus d'horreur pour les temps dont
nous sortons, plus d'espérances pour l'avenir, et plus d'amour pour
nos souverains légitimes.

DE L'IMPRIMERIE DE GILLÉ, RUE SAINT-JEAN-DE-BEAUVAIS, N.° 18.

absolument étranger.   un être

H. G. Soaquier   Mathieu
           Legr.D

          Le Cointre

Au nom de la tres Sainte Trinité du Pere du Fils et du St Esprit. Aujourd'hui vingt cinquieme jour de Decembre, mil sept cent quatre vingt douze. Moi Louis XVI.e du nom Roy de France, etant depuis plus de quatres mois enfermé avec ma famille dans la Tour du Temple a Paris, par ceux qui etoient mes sujets, et privé de toute communication quelconque, mesme depuis le onze du courant avec ma famille. de plus impliqué dans un Proces, dont il est impossible de prevoir l'issue a cause des passions des hommes, et dont on ne trouve aucun pretexte ni moyen dans aucune Loy existente, n'ayant que Dieu pour temoin de mes pensées et auquel je puisse m'adresser. je declare ici en sa presence mes dernieres volontés et mes sentiments.

Je laisse mon ame a Dieu mon createur, je la prie de la recevoir dans sa misericorde, de ne pas la juger d'apres ses merites, mais par ceux de Notre Seigneur Jesus Christ, qui s'est offert en sacrifice a Dieu son Pere, pour nous autres hommes quelqu'indignes que nous en fassions et moi le premier.

Je meurs dans l'union de notre sainte Mere l'Eglise Catholique Apostolique et Romaine, qui tient ses pouvoirs par une succession non interrompue de St Pierre auquel J. C. les avoit confiés. je crois fermement et je confesse tout ce qui est contenu dans le Symbole et les commandements de Dieu et de l'Eglise, les Sacrements et les Mysteres tels que l'Eglise Catholique les enseigne et les a toujours enseignés. je n'ai jamais pretendu me rendre juge dans les differentes manieres d'expliquer les dogmes qui dechire l'Eglise de J. C. mais je m'en suis rapporté et rapporterai toujours si Dieu m'accorde vie, aux decisions que les superieurs Ecclesiastiques unis a la Sainte Eglise Catholique, donnent et donneront conformement a la discipline de l'Eglise suivie depuis J. C. je plains de tout mon coeur nos freres qui peuvent etre dans l'erreur, mais je ne pretends pas les juger, et je ne les aime pas moins vous en J. C. suivant ce que la charité Chretienne nous l'enseigne.

Je prie Dieu de me pardonner tous mes pechés. j'ai cherché a les connoitre scrupuleusement a les detester et a m'humilier en sa presence, ne pouvant me servir du Ministere d'un Prêtre Catholique. je prie Dieu de recevoir la confession que je lui en ai faitte et suivant le repentir profond que j'ai d'avoir mis mon nom, (quoique cela fut contre ma volonté) a des actes qui peuvent estre contraires a la discipline et a la croyance de l'Eglise Catholique a laquelle je suis toujours resté sincerement uni de cœur, je prie Dieu de recevoir la ferme resolution ou je suis s'il m'accorde vie, de me servir aussitost que je le pourrai du Ministere d'un Prêtre Catholique pour m'accuser de tous mes pechés, et recevoir le Sacrement de Penitence.

Je prie tous ceux que je pourrois avoir offensés par inadvertence, (car je ne me rappelle pas d'avoir fait sciemment aucune offense a personne) ou ceux a qui j'aurois pu avoir donné de mauvais exemples ou des scandales de me pardonner le mal qu'ils croyent que je peux leur avoir fait.

Je prie tous ceux qui ont de la Charité d'unir leurs prieres aux miennes, pour obtenir de Dieu le pardon de mes pechés.

Je pardonne de tout mon cœur, a ceux qui se sont fait mes ennemis sans que je leur en aie donné aucun sujet et je prie Dieu de leur pardonner, de mesme que ceux qui par un faux zele, ou par un zele mal entendu m'ont faits beaucoup de mal.

Je recomande a Dieu, ma femme mes enfants ma Sœur, mes Tantes, mes Freres, et tous ceux qui me sont attachés par les Liens du Sang ou par quelqu'autre maniere que ce puisse estre. je prie Dieu particulierement de jetter des yeux de misericorde, sur ma femme mes enfants et ma Sœur qui souffrent depuis longtemps avec moi, de les soutenir par sa grace s'ils viennent a me perdre, et tant qu'ils resteront dans ce monde perissable.

Je recomande mes enfants a ma femme, je n'ai jamais douté de sa

tendresse maternelle pour eux, je lui recommande surtout d'en faire de bons
chrétiens et d'honnêtes hommes, de leur faire regarder les grandeurs de
ce monde ci (s'ils sont condamnés a les éprouver) que comme des biens
dangereux et périssables, et de tourner leurs regards vers la seule gloire
solide et durable de l'Eternité, je prie ma Sœur de vouloir bien continuer
sa tendresse a mes enfants, ~~et de leur tenir lieu de Mère~~,
et de leur tenir lieu de Mère, s'ils avoient le malheur de perdre leur leur

Je prie ma femme de me pardonner tous les maux qu'elle souffre pour moi,
et les chagrins que je pourrois lui avoir donnés dans le cours de notre union,
comme elle peut être sûre que je ne garde rien contre elle, si elle croyoit
avoir quelque chose a se reprocher.

Je recommande bien vivement a mes enfants, après ce qu'ils doivent a
Dieu qui doit marcher avant tout, de rester toujours unis entre eux, soumis
et obéissants a leur Mère, et reconnoissants de tous les soins et les peines
qu'elle se donne pour eux, et en mémoire de moi. je les prie de ~~regarder~~
regarder ma Sœur comme une seconde Mère.

Je recommande a mon fils s'il avoit le malheur de devenir Roy, de
songer qu'il se doit tout entier au bonheur de ses concitoyens, qu'il doit
oublier toute haine et tout ressentiment, et nommément tout ce qui a rapport
aux malheurs et aux chagrins que j'éprouve, qu'il ne peut faire le bonheur
des Peuples qu'en reynant suivant les Loix, mais en même temps qu'un
Roy ne peut les faire respecter, et faire le bien qui est dans son cœur, qu'
autant qu'il a l'autorité nécessaire, et qu'autrement étant lié dans ses
opérations et n'inspirant point de respect, il est plus nuisible qu'utile.

Je recommande a mon fils d'avoir soin de toutes les personnes qui m'étoient
attachées, autant que les circonstances ou il se trouvera lui en donneront les facultés,
de songer que c'est une dette sacrée que j'ai contractée envers les enfants ou les
parents de ceux qui ont péri pour moi, et ensuite de ceux qui sont malheureux
pour moi. je sçai qu'il y a plusieurs personnes de celles qui m'étoient attachées
qui ne se sont pas conduittes envers moi comme elles le devoient, et qui ont même

montrés de l'ingratitude, mais je leur pardonne; (souvent dans les moments
de troubles et d'effervescence on n'est pas le maitre de soi) et je prie mon fils s'il
en trouve l'occasion de ne songer qu'a leur malheur.

Je voudrois pouvoir témoigner ici ma reconnoissance a ceux qui m'ont
montrés un véritable attachement et desinteressé. et d'un costé si j'ai été sensiblement
touché de l'ingratitude et de la deloyauté de gens a qui je n'avois jamais
témoignés que des bontés, a eux a leurs parents ou amis, de l'autre j'ai eu de
la consolation a voir l'attachement et l'interest gratuit que beaucoup de
personnes m'ont montrés. je les prie d'en recevoir tous mes remerciments, dans
la situation ou sont encore les choses, je craindrois de les compromettre, si
je parlois plus explicitement mais je recommande spécialement a mon
fils de chercher les occasions de pouvoir les reconnoitre.

Je croirois calomnier cependant les sentiments de la Nation si je ne
recommandois ouvertement a mon fils Mrs de Chamilly et Hue, que leur véritable
attachement pour moi, avoit porté a s'enfermer avec moi dans ce triste séjour,
et qui ont pensés en estre les malheureuses victimes je lui recommande aussi
Clery des soins duquel j'ai eu tout lieu de me louer depuis qu'il est avec moi
comme c'est lui qui est resté avec moi jusqu'a la fin, je prie Mrs de la
Commune de lui remettre mes hardes mes livres, ma montre ma bourse, et
les autres petits effets qui ont estés deposés au Conseil de la Commune.

Je pardonne encore très volontiers a ceux qui me gardoient, les mauvais
traitements et les genes dont ils ont cru devoir user envers moi, j'ai trouvé
quelques ames sensibles et compatissantes, que celles la jouissent dans
leur cœur de la tranquillité que doit leur donner leur façon de penser.

Je prie Mrs de Malesherbes Tronchet et de Seze, de recevoir ici tous
mes remerciments et l'expression de ma sensibilité, pour tous les soins et
les peines qu'ils se sont donnés pour moi.

Je finis en declarant devant Dieu et pret a paroitre devant lui que
je ne me reproche aucun des crimes qui sont avancés contre moi. fait
double a la tour du Temple le 25 Decembre 1792.

Calqué par Pierre Piquet sur l'original écrit de la main du Roi.

Signature
de la Reine.

Marie Antoinette

Fragment d'un billet
écrit à MONSIEUR,
par Madame Elisabeth.

jamais vous ne trouverez une amie
plus vraie et plus tendre que moi

Elisabeth Marie

Signature de
Madame Elisabeth.

Signature
du Jeune LOUIS XVII.

Louis

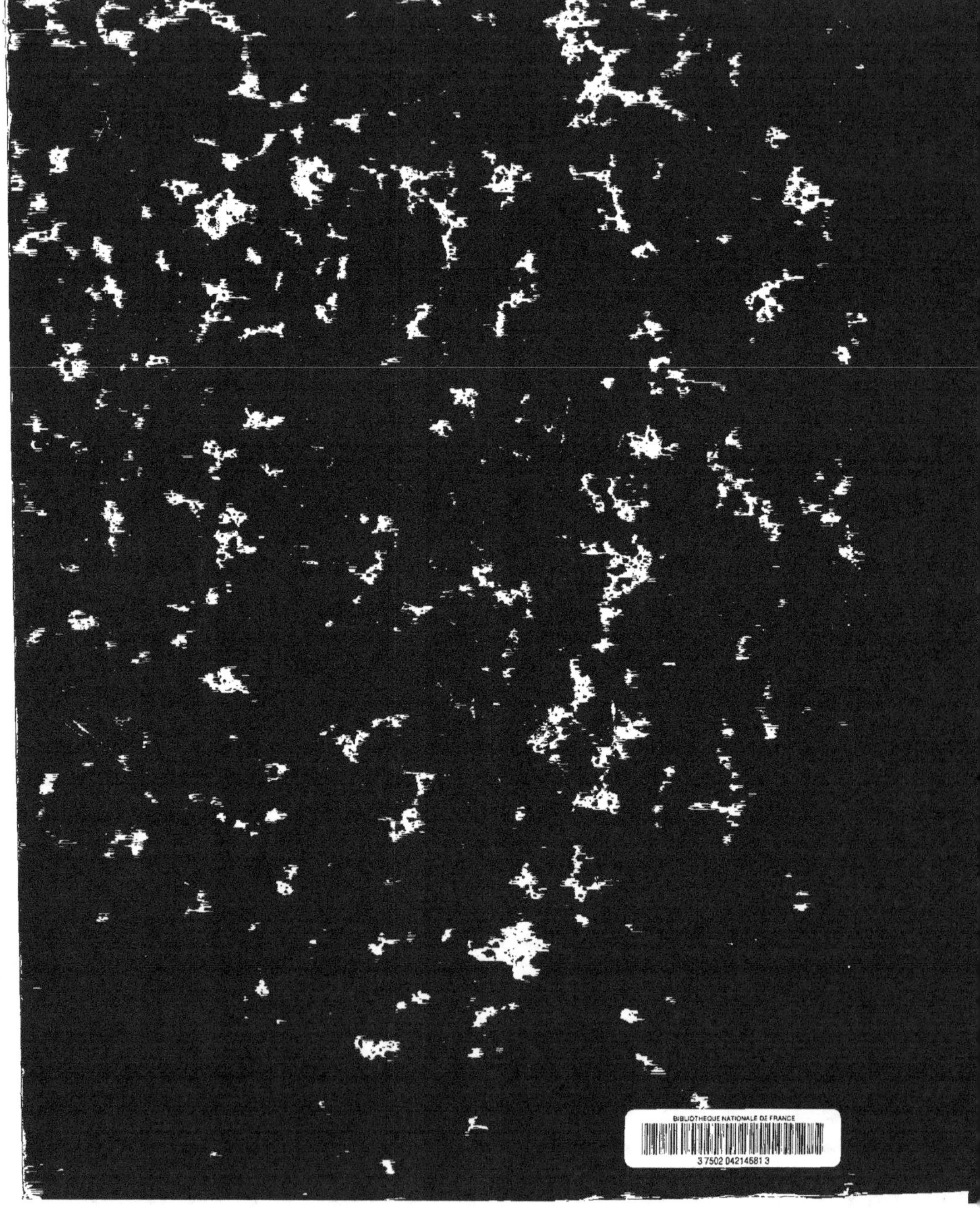